AF310818

L'EFFET RELATIF

DE

LA CHOSE JUGÉE

PAR

A. ESMEIN

MEMBRE DE L'INSTITUT

PROFESSEUR A LA FACULTÉ DE DROIT

DE L'UNIVERSITÉ DE PARIS

Extrait des *MÉLANGES GÉRARDIN*

LIBRAIRIE

DE LA SOCIÉTÉ DU RECUEIL J.-B. SIREY & DU JOURNAL DU PALAIS

Ancienne Maison L. LAROSE et FORCEL

22, rue Soufflot, PARIS, 5e arrdt

L. LAROSE & L. TENIN, Directeurs

1907

L'EFFET RELATIF

DE

LA CHOSE JUGÉE

I

Les sources de l'époque classique fournissent un groupe
de textes bien connus qui donnent, en matière d'*in juré cessio*
et de *manumissio vindicta*, des solutions anciennes, peu équitables et cependant harmoniques. Ce sont les suivants :

1° Pomponius, *libro octavo ad Quintum Mucium* (l. 66, D.
de jure dot., XXIII. 3) : « Si ususfructus fundi, cujus proprietatem mulier non habebat, dotis nomine mihi a domino proprietatis detur, difficultas erit post divortium circa reddendum
jus mulieri, quoniam diximus usumfructum a fructuario cedi
non posse nisi domino proprietatis et, si extraneo cedatur,
id est ei qui proprietatem non habeat, nihil transire sed ad
proprietatis dominum reversurum usumfructum ».

Ainsi l'usufruitier qui fait *in jure cessio* de son droit à un
autre qu'au nu propriétaire, ne transmet point, comme il le
voulait, l'usufruit qui est inséparable de sa personne; mais
l'acte a cet effet que l'usufruit fait retour au nu propriétaire.
Que ce résultat, qu'il trouvait sans doute dans Quintus Mu-
cius, apparût à Pomponius comme inique et non voulu par
les parties, cela est certain; car, dans la seconde partie du
texte, il indique les détours employés *remedii loco*. A l'époque même où vivait Pomponius, ou peu après, une doctrine

plus hardie s'était produite. Gaius nous dit que l'*in jure cessio*
faite par l'usufruitier à un tiers, tout en restant inefficace, est
devenue inoffensive ; l'usufruit reste sur sa tête : « Ipse usufructuarius in jure cedendo domino proprietatis usumfructum efficit ut a se discedat et convertatur in proprietatem ;
alii vero in jure cedendo nihilo minus jus suum retinet ; cre-
ditur enim in ea cessione nihil agi » [1]. D'après ces derniers
mots on peut croire que l'interprétation nouvelle et bienfai-
sante avait consisté à regarder comme inexistante l'*in jure
cessio* faite par erreur.

2° On connaît les bizarreries apparentes que présente l'*in
jure cessio hereditatis*. Le droit héréditaire lui-même, le titre
d'héritier, ne pouvait être cédé que par l'*heres legitimus* et
avant toute adition de sa part ; quant à l'*heres scriptus*, lorsqu'il avait fait adition, il pouvait bien *cedere in jure hereditatem ;* mais ce qu'il cédait, ce n'était pas le droit héréditaire,
le titre d'héritier, que l'adition avait fixé sur sa tête et qui
était dès lors indélébile, *semel heres, semper heres ;* et c'est

---

[1] Gaius, II, 30. — Dans son étude intitulée : *Zur Lehre der Wirkung
der Rechtsgeschäfte*, Leipzig, 1888, M. Adolf Schmidt a cru pouvoir conci-
lier le passage de Pomponius avec ceui de Gaius, et supprimer la contra-
diction. Il dit, p. 24 : « on veut trouver exprimée dans ce passage la règle
suivante : Lorsque l'usufruitier cède son droit à un tiers, ce droit ne passe
point à ce tiers, mais, *aussitôt*, il fait retour à la propriété. Si c'était là réellement ce qui est dit, Pomponius, à mon avis, — conformément à la manière
dont s'exprime Ulpien, XI, 7 : *is cui tutela jure cessa est... sive alii tutelam
porro cesserit, redit ad legitimum tutorem tutela,* — aurait dû écrire :
nihil ad eum transire sed ad dominum proprietatis reverti *usum fructum.*
Comme il emploie cependant, non le présent mais le futur « *reversurum* »,
d'après la logique de la langue latine, il exprime cette idée que l'usufruit
fera retour à la propriété [non point actuellement, mais] dans l'avenir ; pro-
position qui n'est point dépourvue de sens comme on l'a prétendu, mais qui
a ce sens excellent que par la cession ultérieure et répétée de son droit,
l'usufruitier ne peut pas éluder le retour à la propriété ». Je suis bien de
ceux qui pensent que le texte ainsi entendu n'a point de sens utile. J'ajoute
que ce truisme n'a aucun rapport avec la question principale étudiée par Pomponius, à savoir comment faire passer à la femme divorcée le bénéfice de
l'usufruit constitué en dot à son mari.

pour cela qu'il restait obligé aux dettes de la succession.
Au lieu de considérer comme nulle l'*in jure cessio*, qui, dans
la forme, par une *petitio hereditatis* fictive, avait porté sur
l'*hereditas,* on la faisait valoir comme portant sur les objets
individuels compris dans l'hérédité et auxquels elle pouvait
s'appliquer. Par suite, les créances héréditaires, auxquelles
elle ne pouvait s'appliquer et qui étaient de leur nature in-
cessibles, n'étaient point transmises au cessionnaire. Que deve-
naient-elles? Elles étaient éteintes au profit des débiteurs,
comme précédemment l'usufruit était éteint au profit du nu
propriétaire. La solution, bien entendu, était la même quand
il s'agissait d'un *heres legitimus* qui avait fait adition, ou
d'un *heres suus* ou *necessarius*, qui n'avait pas à faire adition.

Voilà ce que nous apprend Gaius [1]. A l'époque d'Ulpien,
ces solutions peu équitables étaient maintenues [2]. Tout ce
que paraît avoir fait la jurisprudence classique, pour atté-
nuer la portée de cette règle extraordinaire, consista à considérer comme inopérante à tous égards l'*in jure cessio* faite
par l'*heres necessarius*; encore était-ce une opinion sabi-
nienne : « *Nostri præceptores*, dit Gaius, *putant nihil agere
necessarium heredem cum in jure cedat hereditatem* [3] ». C'est
encore regarder, comme plus haut, l'acte comme inexistant.
Peut-être est-ce encore un adoucissement de la rigueur première que cette autre décision rapportée par Gaius : « *Testamento autem scriptus heres ante aditam quidem hereditatem
in jure cedendo nil agit* [4] » ; si la chose allait de soi et avait
été vraie de tout temps, un écrivain aussi concis que Gaius
n'aurait pas pris la peine de la noter.

3° Les tuteurs légitimes pouvaient *cedere in jure tutelam* à
un tiers. Mais celui-ci ne pouvait point à son tour la céder
de la même manière à une autre personne. S'il le faisait, si
dans ce but il se prêtait à une *in jure cessio*, l'acte était ino

<hr>

[1] Caius, II, 34-36.
[2] Ulp., *Regulæ*, XIX, 12-13.
[3] Gaius, II, 37.
[4] Gaius, II, 36.

pérant quant à l'effet qu'on voulait lui faire produire ; mais la tutelle revenait au *legitimus tutor*, comme précédemment l'usufruit au nu propriétaire : « Is cui tutela in jure cessa est, *cessicius tutor appellatur : qui, sive mortuus fuerit, sive capite minutus, sive alii tutelam in jure cesserit,* redit ad legitimum tutorem tutela[1] ».

4° Lorsqu'un esclave appartient en commun à plusieurs maîtres, si l'un d'eux l'affranchit par la *vindicta*, l'affranchissement est nul. Il produit cependant un effet important contre celui qui l'a consenti ; sa part accroît à ses copropriétaires, comme le nu propriétaire gagne l'usufruit lorsque l'usufruitier en fait cession à un tiers. Voici comment la chose est présentée dans le fragment dit de Dosithée, § 10 : « Communis servus ab uno *ex sociis* manumissus neque in libertatem pervenit et alterius domini totus fit servus jure accrescendi ; sed inter amicos servus ab uno ex sociis manumissus utriusque domini servus manebit ; jus enim adcrescendi in hac manumissione non versatur. Quamvis Proculus existimaverit adcrescere eum socio ». Sans doute les textes ici ne mentionnent point spécialement, comme engendrant la solution, la *manumissio per vindictam :* ils opposent simplement les modes d'affranchissement solennels, ceux qui confèrent la cité romaine, à la *manumissio inter amicos.* Mais il n'est pas téméraire de supposer, étant donnés les effets de l'*in jure cessio* précédemment relevés, que la solution rigoureuse admise dans la présente hypothèse, a été donnée d'abord en cas d'affranchissement *vindicta* et qu'elle a été ensuite étendue à l'affranchissement *testamento.* Elle tendait même à se communiquer aux formes d'affranchissement qui ne conféraient que la latinité [2]. Justinien, dans une consti-

____

(1) Ulp., *Reg.*, XI, 7.

(2) Paul, *Sent.*, IV, 12, 1 : « Servum communem unus ex dominis manumittendo Latinum facere non potest, non magis quam civem Romanum cujus portio eo casu quo, si proprius, ad civitatem romanam perveniret, socio adcrescit ». — Ulpien, *Reg.*, I, 18 : « eaque adcrescit socio, maxime si eo modo manumiserit, quo, si proprium haberet, civem Romanum facturus

tution (C. 1, C. VII, 7) qui a réformé la matière, nous apprend que ce *jus accrescendi* avait donné lieu à beaucoup de controverses chez les anciens : « In communes servos eorumque libertatem et quando cuidam domino pars libertatem imponentis adcrescit nec ne... multa ambiguitas exorta est apud veteres juris auctores ». Mais d'après les indications qu'il fournit, il semble que ce soit seulement la *manumissio testamento* qui ait fait naître les doutes et non la *manumissio vindicta*, sans doute parce que cette dernière était le type dont les autres applications n'étaient que des imitations.

5° D'ailleurs le fragment de Dosithée vise expressément la *manumissio vindicta* dans une autre hypothèse qui est tout à fait voisine de la précédente : celle où un esclave grevé d'usufruit est affranchi par le nu propriétaire. L'affranchissement ne pouvait opérer au détriment de l'usufruitier et, par suite, était nul à son égard. Le *manumissor* n'en perdait pas moins sa propriété sur l'esclave, celui-ci devenait *servus sine domino* : « Proprietarius eum servum, cujus ususfructus ad alium pertinet, non potest *vindicta* manumittere obstante usufructu. Si manumiserit eum *vindicta*, facit servum sine domino » [1]. Il n'y a pas à en douter, le résultat anormal est un effet de la *manumissio vindicta*. Cependant à lire le texte d'Ulpien sur cette matière, il semble que la même solution était donnée, quelle que fût la forme de l'affranchissement : « Servus in quo alterius est ususfructus, alterius proprietas, a proprietatis domino manumissus liber non fit, sed servus sine domino » [2]. C'est bien aussi une règle générale que suppose Justinien lorsqu'il l'abrogea : « Sancimus, si proprietarius servo, cujus usufructus ad alium pertinebat, libertatem *imposuit*, non secundum antiquam observationem et libertatem cadere et eum sine domino intelligi esse, nec inveniri personam cui res ad eo venientes acquirat..., sin autem proprieta-

esset; nam, si inter amicos eum manumiserit, plerisque placet eum nihil egisse ».

(1) *Dosith.*, § 11, Girard, *Textes*, 3e édit., p. 478.
(2) Ulp., *Reg.*, I, 19.

rius solus libertatem imposuerit, usufructuario minime con-
sentiente, sit quidem ille qui libertatem a proprietario acce-
pit inter libertos proprietarii connumeratus... Ipse tamen
libertus quasi servus apud usufructuarium permaneat, donec
usufructuarius vivit vel usufructus non legitimo modo pe-
remptus est » [1]. Dans ce dernier cas la solution était d'autant plus extraordinaire, qu'elle ne profitait à personne et
était féconde en difficultés.

II

Comment expliquer ces solutions? Les jurisconsultes de
l'époque classique ne paraissent pas s'en préoccuper. Si la
question leur avait été posée, ils auraient sans doute répondu
par l'axiôme : « Non omnium quæ a majoribus constituta
sunt ratio reddi potest » [2]. De nos jours, au contraire, on a
creusé le problème, et voici les principales explications qui
ont été proposées.

M. Demelius, on le sait et c'est un point sur lequel nous
reviendrons plus loin, se refuse à expliquer les effets de
l'*in jure cessio* par sa nature de procès fictif et par les règles
de la procédure. Ils viennent, suivant lui, de la mainmise,
de l'*adprehensio* accomplie devant le préteur par le revendiquant et non contredite par le *cedens*, « la déclaration d'appropriation et d'aliénation accompagnées de la mainmise et
de l'abandon *apud prætorem* ». Ce n'est pas d'ailleurs pour
lui un contrat réel, dont les divers éléments seraient indisso-
lublement liés les uns aux autres; mais deux actes distincts
(appropriation et abandon) en principe indépendants et qui se
rencontrent simplement *in jure* [3]. Il en résulte que l'un de
ces actes peut tomber avec tous ses effets et que l'autre peut
néanmoins subsister avec les siens. C'est par la force de cette

(1) L. 1, pr., § 1, C. *Comm. de manum.*, VII, 15.
(2) L. 20, D. *de leg.* I, 3.
(3) *Die Confessio im römischen Civilprocess*, p. 103.

renonciation solennelle qu'il explique les effets de l'*in jure cessio* dans les cas signalés plus haut. Voici en particulier ce qu'il dit à propos de la tutelle (n° 3) : « C'est évidemment la *confessio* du *cessicius,* conçue comme le fait d'abdiquer solennellement la tutelle, qui opère, parce que la volonté de l'ayant droit, manifestée dans la forme de la *confessio in jure,* est dirigée vers la renonciation » [1]. Il explique par une renonciation de la même nature les effets exorbitants de la *manumissio vindicta* et ajoute : « C'est un trait caractéristique, pour celui qui voit dans la *manumissio vindicta* un acte de renonciation unilatéral, que l'effet signalé se produit aussi lorsque l'un des copropriétaires affranchit par testament ». Mais nous avons vu au contraire que c'est là une extension de la solution première.

En laissant de côté pour l'instant la thèse principale de M. Demelius, comment admettre qu'une renonciation, même solennelle, ait des effets si énergiques dans un droit très ancien? Comment admettre qu'une volonté aussi énergique puisse alors se traduire simplement par le silence? Comment se fait-il que seule la renonciation intervenue *in jure* ait cet effet? Comment admettre enfin que cette renonciation silencieuse produise des effets non seulement entre les deux personnes qui sont en présence (quoique non contractantes); qu'elle en produise à l'égard de personnes qui sont absolument des tiers comme l'a très bien observé M. Demelius lui-même ? [2] Jamais le droit romain, au temps de sa plus belle floraison, n'a donné tant de force, je ne dis pas à la manifestation unilatérale de volonté, mais au contrat. Cela est inadmissible.

Cependant notre ancien maître, M. Accarias, prétendait ramener aux principes généraux du droit romain la solution de ces difficultés, de celle tout au moins que nous avons classée sous le n° 1 : « Selon Pomponius, écrit-il, l'*in jure cessio* consentie à un tiers emporterait aussi l'extinction du droit

---

(1) *Ibidem,* p. 104.
(2) *Ibidem,* p. 104.

(d'usufruit). Voici son raisonnement : L'usufruitier a voulu deux choses, se dessaisir et investir le tiers. Or rien ne s'oppose à l'obtention du premier résultat, mais le principe de l'incessibilité des servitudes met obstacle au second. Donc l'usufruit va rejoindre la nue propriété. Gaius, au contraire, prenant l'intention du cédant dans son ensemble au lieu de la décomposer, décide plus raisonnablement que tout est nul et que l'usufruit ne s'éteint pas. Cette controverse n'a rien d'étonnant. Nous en avons rencontré une toute semblable en matière de possession et nous verrons plus tard relativement à l'*in jure cessio* d'une hérédité les jurisconsultes s'accorder tous sur une solution tout à fait analogue à celle que Pomponius donne ici » [1]. Les textes sur la possession auxquels se réfère l'auteur supposent une tradition voulue par le *tradens*, mais impossible, parce que l'*accipiens* est fou ou qu'il y a erreur sur la chose. Ils posent la question de savoir si le *tradens* a, ou non, perdu la possession. Oui, dit Celsus [2], parce qu'il a forcément perdu l'*animus possidendi* « voluit dimittere possessionem ». Non, dit Ulpien [3], car sa volonté était comme conditionnelle, soumise à la condition que la possession passerait à l'*accipiens* « quodammodo sub conditione recessit a possessione ». Ce sont là des interprétations de volonté subtiles, très compréhensibles chez des jurisconsultes du iiie siècle dans la matière de la possession. Mais c'est commettre un anachronisme juridique que de les transporter aux époques lointaines où se sont fixées les règles que nous étudions sur les effets de l'*in jure cessio* et de la *manumissio vindicta*. Personne ne se livrait alors à la recherche des intentions.

Notre cher collègue M. Giffard, n'a pas adopté la thèse principale de M. Demelius. Il lui emprunte cependant à peu près ses explications sur les points visés. « Ces règles parti-

(1) *Précis de droit romain*, 4ᵉ édit., t. I, p. 711, note 1.
(2) L. 18, § 1, D. *de adqu. vel amitt. poss.*, XLI, 2.
(3) L. 34, pr. D. XLI, 2.

culières de l'*in jure cessio*, dit-il, s'expliquent bien plutôt par l'intention de la partie qui veut aliéner que par les règles de la *confessio in jure*. Les jurisconsultes interprétant la volonté des parties ont isolé l'acte solennel de la renonciation fait *in jure* et l'ont considéré, dans certains cas favorables, comme un acte à part, produisant son effet même quand l'*in jure cessio* n'aboutissait pas à transférer le droit. Dans tous les cas, on n'a pas le droit de tirer argument de ces règles particulières, introduites probablement assez tardivement et seulement dans des hypothèses où elles pouvaient se justifier par des considérations spéciales, pour fixer la nature primitive de l'*in jure cessio* comme le fait Demelius [1] ». Mais, outre que nous retombons dans la recherche des intentions et l'interprétation des volontés, que d'autres invraisemblances ! Ces règles manifestement sont très anciennes, si anciennes que les jurisconsultes classiques ne les comprennent plus. Elles sont rigoureuses, point favorables, et la doctrine et plus tard la législation les ont atténuées ou supprimées. Elles sont peu équitables et point du tout conformes à la volonté du *cedens*, ni même du cessionnaire.

C'est ce qu'a bien compris M. Adolf Schmidt, qui a construit sa doctrine en conséquence. Voyant la règle elle-même dans les solutions réformatrices et équitables que nous avons relevées sous les n°ˢ 1 et 2, il pose en principe que l'*in jure cessio* inefficace ne produit aucun effet contre le *cedens*. Dans les hypothèses où il en est autrement (n°ˢ 3, 4 et 5) il explique les déchéances qu'elle entraîne contre lui, comme des peines qu'a introduites la jurisprudence contre celui qui excède son droit et peut, par là, gêner ou inquiéter autrui. Le copropriétaire qui affranchit l'esclave commun, « ne pouvant affranchir sa part seule, n'a pas le droit d'anéantir la propriété d'autrui ; mais il est puni de sa tentative illégale par la perte de sa propriété, qui accroît aux copropriétaires [2] ». « Le

____

(1) *La « confessio in jure » étudiée principalement dans la procédure formulaire*, Paris, 1900, p. 46.

(2) *Op. cit.*, p. 22.

cessicius tutor est le remplaçant et l'homme de confiance du *legitimus*, bien qu'avec un droit propre. S'il essaie de transférer son droit à un autre par *in jure cessio*, il commet un abus de confiance. L'acte en lui-même est nul ; mais la tentative est punie par la perte du droit de tutelle [1] ». Il ne peut cependant justifier de même l'extinction des créances héréditaires dans l'*in jure cessio hereditatis aditæ*, et voici l'explication à laquelle il a alors recours : « La propriété est transmise sur chacune des choses qui composent l'hérédité, parce qu'isolément chacune peut faire l'objet d'une *in jure cessio* ; au contraire les créances s'éteignent, parce que, si elles ne peuvent être cédées, elles peuvent être éteintes par un acte unilatéral de l'héritier ; enfin l'héritier reste tenu des dettes héréditaires, parce qu'il ne peut les céder et qu'il ne peut pas non plus les éteindre par un acte unilatéral, c'est-à-dire sans l'intervention des créanciers [2] ». Cela est fort ingénieux, mais frivole. Comment dans les temps anciens la jurisprudence aurait-elle pu réaliser de pareilles déchéances? Comment surtout aurait-elle pu alors y songer? Somme toute, le *cedens* ne fait tort à personne ; il accomplit par erreur un acte nul. Dans le cas de l'*in jure cessio hereditatis*, M. Schmidt n'invoque même plus ce prétexte et il a tort d'affirmer que le créancier peut éteindre la créance par un acte de sa seule volonté : la remise de dette entre-vifs ne peut se faire que par *acceptilatio*, par *pactum*, ce qui suppose toujours un accord de volontés.

<h3 style="text-align:center">III</h3>

Voici l'explication que je propose. Je remarque, que, dans les cinq hypothèses visées, il s'agit d'un procès fictif, d'une *legis actio* intentée d'accord entre les parties pour obtenir un résultat voulu. J'en conclus (contre M. Demelius mais avec la très grande majorité des auteurs) que la règle

[1] *Op. cit.*, p. 22.
[2] *Op. cit.*, p. 21.

que je cherche est une règle de procédure, de la plus vieille
procédure. Il en est une qui explique au mieux toutes ces solutions. C'est la supposition qu'il fut un temps, aux origines
de la justice à Rome, où la *chose jugée* (et par là j'entends
tout ce qui était constaté ou décidé par le *Magistrat*) avait
une force, non pas relative, mais absolue et pouvait être invoquée, non seulement par les parties en cause, mais aussi
par toute personne qui y avait intérêt. C'est pour cela que le
nu propriétaire (n° 1), prenant l'usufruitier au mot, pouvait
se prévaloir de ce que celui-ci avait expressément ou tacitement reconnu *in jure* qu'il n'avait pas l'usufruit. C'est pour
cela que les copropriétaires du *manumissor* (n° 4) pouvaient
se prévaloir de ce qu'il avait reconnu ne pas être le propriétaire de l'esclave. C'est pour cela que les débiteurs de l'hérédité (n° 2) pouvaient refuser le paiement à l'*heres*, se pré-
valant de ce qu'il avait reconnu *in jure* n'être pas l'héritier.
L'effet est plus éclatant encore au n° 5 : le nu propriétaire
ayant reconnu *in jure* que l'esclave grevé d'usufruit n'est
pas son esclave, l'effet de cette reconnaissance s'impose à
tous d'autorité; le *servus* est *sino domino*. Le n° 3 seul présente quelque difficulté. Que le *cessicius tutor* soit déchu de
la tutelle, parce qu'il a reconnu *in jure* ne pas être le tuteur,
cela est logique et conforme à ce qui vient d'être dit : mais
comment la tutelle revient-elle au *legitimus tutor*, qui lui-
même, dans une première *in jure cessio*, avait fait la même
reconnaissance? Cela peut s'expliquer par la faveur de la tutelle légitime : on considérait, que ce qui passait au *cessicius*,
c'était l'exercice seul du droit, non le titre même. La preuve
en est que, s'il mourait, la tutelle encore revenait au *legitimus* et que, si ce dernier mourait ou subissait *capitis demi-
nutio*, la tutelle du *cessicius* prenait fin.

Bien entendu l'affirmation de son droit par le *vindicans* et
la reconnaissance qu'en faisait le *cedens* ne pouvaient pas
avoir la force d'une vérité inattaquable. Il était simplement
acquis à l'égard de tous que l'une et l'autre avaient eu lieu.
Mais cela ne pouvait empêcher un précédent acquéreur de

revendiquer la chose ou le droit; cela ne pouvait faire que l'héritier *post aditam hereditatem* pût cesser d'être héritier et se libérer ainsi des dettes héréditaires.

Cette explication, quelque hardie qu'elle soit, est donc satisfaisante quant aux solutions à expliquer. Mais elle soulève tout d'abord deux graves objections.

En premier lieu elle suppose que la *manumissio vindicta* et l'*in jure cessio*, non seulement sont des procès fictifs, mais que leurs effets sont simplement les mêmes qu'aurait produits un procès réel, terminé *in jure* par l'aveu du défendeur. Or cela est aujourd'hui fort contesté et le livre, d'ailleurs si remarquable, de M. Demelius a été justement écrit pour prouver le contraire. On comprendra que je ne puis ici discuter cette question en elle-même. Je tiens pour la thèse classique et traditionnelle : pour moi, la dialectique la plus forte qu'on puisse lui opposer, ne saurait tenir devant le témoignage si clair et formel de Gaius et d'Ulpien [1]. Mais je ferai remarquer que mon hypothèse fait disparaître une critique sérieuse qui a été formulée contre cette conception. Si, a-t-on dit, c'est la règle sur la *res judicata*, qui masque l'aliénation et en même temps en assure l'équivalent dans l'*in jure cessio*, celle-ci, comme la *res judicata* ne devrait opérer

(1) Gaius, I, 134 : « Is qui adoptat vindicat apud prætorem filium suum esse et, illo contra non vindicante, a prætore vindicanti filius addicitur ». — Ulpien, *Reg.*, XIX, 9, 10 : « In jure cessio... quæ fit per tres personas, in jure cedentis, vindicantis et addicentis. In jure cedit dominus; vindicat is cui ceditur, addicit præter ». Dans un article qu'a publié en 1904 la *Zeitschrift der Savigny-Stiftung*, t. XXV, p. 145 sq., M. Wlassack produit une nouvelle objection. Suivant lui, lorsqu'il n'y a pas *contra vindicatio* dans le *sacramentum*, il y a simplement *res indefensa;* par conséquent, ce qui devrait alors être attribué au revendiquant, ce serait non la propriété, mais la possession. Mais la *res indefensa* suppose que la partie provoquée se refuse à accomplir un des actes sans lequel le procès ne peut s'engager et, à plus forte raison, aboutir, comme obéir à l'*in jus vocatio*, ou apporter *in jure* l'objet mobilier revendiqué. Ici le manque de *contra vindicatio* entrave si peu la marche du *vindicans* qu'il lui fait au contraire obtenir immédiatement gain de cause.

qu'*inter partes*; or elle produit des effets absolus, à l'égard
de tous [1]. M. Karlowa croit y avoir répondu dans les termes
suivants : « Ihering et ceux qui l'ont suivi n'ont pas remar-
qué dans cette question que le jugement rendu entre deux
personnes vaut aussi à l'égard des ayants cause de l'une et
de l'autre, pour ou contre leurs successeurs à titre particulier,
lorsque le jugement est antérieur à l'acquisition désirée. Ce
qui est vrai du jugement, l'est aussi de la *confessio in jure* et
de l'*addictio* qui en est la suite. L'effet du transfert de propriété ne dépasse pas celui produit par le jugement ou par
la *confessio in jure*. Celui-ci ne préjudicie pas aux tiers qui
ne tiennent pas leur propriété de l'aliénateur. Démontrent-ils
leur propriété, ils obtiennent la restitution de la chose, mal-
gré l'acte passé entre l'aliénateur et l'acquéreur. Sur ce point
on ne constate point que la procédure et le droit contractuel
des choses ne coïncident pas » [2]. Mais cela ne paraît pas
exact. L'*in jure cessio* (sauf la réserve des droits antérieurs)
produit effet à l'égard de tous; tous doivent la reconnaître.
D'ailleurs dans nos hypothèses (n°ˢ 1-4) l'effet de l'*in jure
cessio* se produit à l'égard de personnes qui sont purement et
simplement des tiers. Le nu propriétaire (n° 1) n'est l'ayant
cause ni de l'usufruitier ni de celui à qui il fait *jure cessio*. Il
en est de même des copropriétaires de l'esclave à l'égard du
manumissor. Avec notre hypothèse tout est clair. L'*in jure
cessio* produit naturellement effet à l'égard de tous, si elle
reflète une vieille théorie qui donnait aussi à la chose jugée
une force absolue.

Mais — et c'est la seconde objection annoncée plus haut —
cette ancienne théorie de la chose jugée (la *confessio in jure*

---

(1) Demelius, *op. cit.*, p. 99 : « Notons ici une pensée qui est si naturelle
qu'elle vient immédiatement à tout lecteur. Comment l'aveu, mis sur la même
ligne que le jugement qui est simplement déclaratif et qui n'opère qu'*inter
partes*, pourrait-il dans l'*in jure cessio* avoir un effet constitutif à l'égard de
tous les tiers? » — Ihering, *Esprit du droit romain*, traduct. française de
O. de Meulenaere, t. IV, p. 284-5; Degenkolb, *Einlassungszwang*, p. 269.

(2) *Römische Rechtsgeschichte*, I, p. 385.

suivie d'*addictio* lui étant assimilée) a-t-elle pu exister? « La notion de l'autorité de la chose jugée, dit M. Giffard, était inconnue, on le sait, dans l'ancienne procédure romaine et, s'il était impossible de remettre toujours les mêmes questions en litige, c'était à raison d'un principe différent, que l'on formulait ainsi : *bis de eadem re ne sit actio*. Cette règle très ancienne... signifie que l'on ne peut accomplir la *legis actio* qu'une fois à raison d'un même droit. Les solennités des actions de la loi offraient un critérium plus facile à vérifier que le jugement dépourvu de toute forme ; et dans la Rome ancienne, comme dans beaucoup de législations archaïques, l'extinction de l'action est produite, non pas par la sentence, mais par les actes solennels qui ouvrent le procès » [1]. Mais cela paraît impossible. On ne conçoit point comment le roi, rendant la justice, aurait laissé remettre en question ce qui avait été jugé ou constaté par lui. Que la règle *bis de eadem re sit actio* soit très ancienne ; qu'elle remonte même à la procédure qui précéda les *Legis actiones* proprement dites, je l'admets volontiers ; mais elle ne pouvait suffire à assurer le résultat voulu. Je trouve extrêmement justes les observations de M. Krüger, qui attribue à une *Lex*, à la loi des XII Tables, l'introduction de cette maxime : « L'idée qu'on ait pu méconnaître l'impossibilité de remettre indéfiniment en question les décisions judiciaires est, je l'ai dit, pour moi inadmissible. Repousser ou admettre de pareilles attaques était sans aucun doute au pouvoir de ceux qui administraient la justice, des Rois, puis des consuls et ils devaient très rarement les admettre... Je crois bien que les Rois et leurs successeurs dans les attributions judiciaires, lorsqu'ils voyaient dans les actes des parties un mépris de leur autorité ou de celle des *judices* établis par eux, avaient à leur disposition d'autres moyens que le simple refus de l'action » [2]. J'invoquerai sur-

(1) *Op. cit.*, p. 35.

(2) *Processualische Consumption und Rechtskraft der Erkenntnis*, 1864, p. 5 et 6.

tout la doctrine si nette de mon cher et éminent ami Girard sur la justice à l'époque royale : « Le particulier auquel le roi a donné raison a en vertu du jugement un droit aussi avéré, aussi certain que celui qu'il eût eu en vertu d'une des créances considérées comme certaines dès le principe, que celui qu'il aurait eu en vertu de la *confessio* si le prétendu débiteur n'avait pas contesté sa prétention ; il peut alors faire une *manus injectio*. L'efficacité du jugement royal supprime les embarras si lourds éprouvés par d'autres législations pour garantir l'exécution du jugement » [1]. Huschke allait plus loin encore. Parlant du jugement rendu dans l'*actio per sacramentum in rem* ou *in personam*, il dit : « La prétention consacrée (*sacrierte*) et incorporée dans la *lis* constituait pour le demandeur, maintenant victorieux, un droit absolu sur la personne du défendeur (*judicatus* ou *damnatus*) ou sur la chose litigieuse (*res judicata*) » [2]. Demelius luimême reconnaît ceci : « On ne peut douter que déjà au temps des *Legis actiones* le jugement possédait une force qui coupait court à tout nouveau procès sur l'affaire décidée ; en particulier celui qui avait été contraint de restituer sur l'action *in rem sacramento* ne pouvait pas à son tour revendiquer utilement contre le plaideur victorieux. Beaucoup rattachent cela à l'effet extinctif du litige (*bis de eadem re ne sit actio*) ; d'autres le rattachent à un principe correspondant à l'*exceptio rei judicatæ* du droit postérieur dans sa fonction matérielle » [3]. Pour moi, cela se rattache à l'autorité qu'avait originairement le magistrat romain administrant la justice, dont le roi est le prototype, autorité dont on trouve l'écho affaibli dans certains textes classiques, qui visent le *decretum* du préteur fidéicommissaire statuant *extra ordinem* [4] :

(1) *Histoire de l'organisation judiciaire chez les Romains*, t. I, p. 42.

(2) *Dio Multa und das Sacramentum in ihren verschiedenen Anwendungen*, p. 451.

(3) *Op. cit.*, 90.

(4) L. 67 (65) § 2, D. *Ad Stum Trebell.* XXXVI, 1 : « Cum prætor cognita causa per errorem vel etiam ambitiose juberet hereditatem ex fideicommisso

tout ce qui était jugé ou constaté par lui avait une autorité juridique absolue, qui pouvait *ipso jure* être invoquée par tous les intéressés et dont la règle : *bis de eadem re ne sit actio* n'était qu'une application particulière.

IV

C'est en étudiant les cas anormaux d'*in jure cessio* que nous avons dégagé l'hypothèse de cette autorité absolue. Mais considérée, soit dans son effet positif, soit dans son effet négatif, elle a laissé bien d'autres traces en droit romain.

1° C'est incontestablement une maxime ancienne que celle-ci : *Res judicata pro veritate habetur*. Or, à la prendre en elle-même et à la lettre, elle ne comporte aucune distinction de personnes et la vérité est, toujours et à l'égard de tous, la vérité. M. Pernice a très justement observé que les textes classiques n'emploient guère cette formule que dans des cas où, par exception, la chose jugée a un effet général et absolu[1]. Mais nous n'en avons pas moins un axiome général dans l'expression et dont la portée a dû être générale lorsqu'il a été frappé.

2° Si l'on se rapporte à l'ancien droit, d'après lequel le citoyen *confessus* ou *judicatus* tombait sous le coup d'une procédure, qui, en définitive, pouvait avoir pour résultat de le faire vendre comme esclave *Trans Tiberim*, n'est-il pas clair que la chose jugée avait un effet absolu, vraie à l'égard de tous, quand ces règles furent établies?

3° On sait combien il est difficile d'expliquer la règle d'après laquelle la *litis contestatio* faite par ou avec un *correus* éteint l'action à l'égard des autres *correi;* et l'on connaît les nombreuses explications qui ont été fournies. La

restitui, etiam publice interest restitui propter rerum judicatarum auctoritatem ».

(1) Pernice, *Parerga*, *Zeitschrift der Savigny-Stiftung*, t. XIX, 1898, p. 147. Voyez L. 21, D. I, 5 ; L. 207, D. L. 16.

difficulté est la même quand il s'agit des rapports du créancier avec les cautions ou des cautions entre elles. Le résultat se dégage au contraire tout naturellement de la combinaison de deux règles : l'axiôme *bis de eadem re ne sit actio*, et l'effet absolu de la chose jugée, opérant à l'égard de tous; l'effet extinctif de la *litis contestatio* est simplement l'aspect négatif du principe, d'où découle l'autorité de la chose jugée.

L'action une fois intentée pour une créance déterminée ne peut l'être de nouveau, même par un autre créancier ou contre un autre débiteur, pas plus qu'elle ne pourrait l'être entre les parties qui ont figuré dans la première instance : l'acte judiciaire a opéré à l'égard de l'un comme à l'égard de l'autre, sauf que la condamnation n'est acquise qu'au profit d'un seul ou contre un seul.

4° Enfin l'ancienne règle a subsisté dans un certain nombre d'applications, dont la principale est celle qui concerne les questions d'état. Keller disait à ce sujet : « Dans tous les litiges sur le *status* et les droits de famille on peut dire : la règle, *res judicata jus facit inter partes* ne s'applique pas, mais bien plutôt le principe opposé, *res judicata jus facit inter omnes* » (1). A nos yeux ce sont là autant de survivances de l'état primitif.

On pourrait objecter, il est vrai, que c'est là une exception qui s'explique par des motifs d'utilité pratique et d'intérêt public; qu'elle a été introduite de parti pris, comme de parti pris elle a été généralement conservée dans les législations modernes. Mais chez les Romains ce principe, quant aux actions d'état, paraît remonter à la plus haute antiquité. Ce qu'on trouve au contraire chez eux dans les temps plus récents, c'est un effort pour en restreindre la portée, surtout en ce qui concerne les esclaves et les affranchis. D'une part, pour déjouer les fraudes (*de collusione detegenda*) on permet dans un certain délai à tout citoyen de reprendre (*retractare*)

---

(1) Keller, *Ueber Litiskontestation und Urtheil,* p. 392, et les textes cités.

le procès qui a abouti à une déclaration de liberté ou d'ingénuité ; d'autre part, on invente au profit des patrons la théorie
du légitime contradicteur, qui a également passé chez nous
dans la preuve de la filiation [1].

Si maintenant, quittant pour un instant le droit romain,
on se reporte aux principes généraux du droit public, l'autorité absolue de la chose jugée paraît seule naturelle et
raisonnable, dans tout milieu où existe une véritable organisation judiciaire, où l'administration de la justice est une
attribution de l'État, de l'autorité publique. De sa nature,
l'ordre de l'autorité publique s'impose au respect de tous.
La règle qu'elle proclame doit être suivie par tous et peut
être invoquée par tous. Il n'y a pas de bonne raison pour
que les décisions du pouvoir judiciaire, dans la mesure au
moins où elles supposent l'application d'un principe, ne
s'imposent pas à tous les citoyens, comme celles du pouvoir
législatif. Ce sont là des idées qu'a développées, au point de
vue du droit moderne, M. Bülow dans un remarquable article,
intitulé : « *Force absolue en la chose jugée* » [2]. Il proclame que
le jugement est l'expression de la volonté de l'État et le rapproche de la loi [3]. Mais il en tire simplement la conséquence
que les parties ne doivent pas pouvoir renoncer à l'exception de chose jugée, et que le juge doit pouvoir l'invoquer
d'office.

Telle est pourtant la puissance de cette idée que des applications partielles en ont été faites dans diverses législations,
par le seul effort de la jurisprudence. C'est ainsi que d'après
la doctrine et la jurisprudence françaises, la chose jugée en
matière criminelle exerce son autorité, non pas seulement à
l'égard des parties en cause, mais à l'égard de tous et ne
saurait être contredite dans le jugement d'un procès civil,

---

(1) *Dig.* XL, 16, *de collusione detegenda;* 14. *Si ingenuus esse dicetur;*
L. 3, D. XL, 15.

(2) *Archiv. für die civilistische Praxis,* 1894, t. XXXIII, I, p. 1 sq.

(3) *Loc. cit.,* p. 63, 64, 69.

même entre des tiers (1). Déjà à l'époque classique on jugeait chez les Romains qu'au criminel l'*exceptio rei judicatæ* pouvait être opposée, non seulement à un premier poursuivant, qui avait échoué, mais aussi à tout nouvel accusateur (2). C'est un trait traditionnel et remarquable du droit anglais que de donner force absolue, invocable par tous et à l'égard de tous, aux points de droit décidés par les cours supérieures (3). Ce sont autant d'hommages rendus au principe que je crois trouver dans les origines du droit romain.

V

Il n'est donc pas surprenant que dans la période royale — car c'est là qu'il faut remonter — lorsque le roi était le seul juge, ce qu'il avait jugé ou constaté fût établi *erga omnes* : c'était l'effet naturel de son autorité suprême et sacrée. Sous la République, la même règle sans doute subsista tout d'abord au profit de ses successeurs, les consuls aidés des pontifes. Mais une transformation profonde se produisit : ce fut que, dans la justice civile, le magistrat, devant lequel s'étaient accomplies les solennités de la *legis actio*, fût en principe obligé de renvoyer le jugement de la cause à un *judex privatus*. Celui qui jugeait n'était plus le chef sacré de l'État, pas même un fonctionnaire, mais un particulier qui avait simplement reçu du magistrat la mission de trancher le litige par sa *sententia* (4). L'*unus judex*, choisi dans une certaine mesure par les parties, était presque un arbitre. Pouvait-on désormais reconnaître à la chose jugée une autorité absolue? La logique le défendait. Un éminent jurisconsulte anglais explique ainsi l'autorité absolue qu'ont dans son pays les

(1) Fuzier-Herman, Carpentier et Frèrejouan du Saint, *Répertoire général et alph. du droit français*, v° *Chose jugée*, nᵒˢ 1049 à 1342.

(2) L. 7, § 2, D. *de acc.*, XLVIII, 2.

(3) Sir Frederick Pollock, *A first Book for students in common law*, pp. 229 et suiv.

(4) Cf. Pernice, *Parerga, Zeitschrift der Savigny-Stiftung*, t. XIX (1898), p. 143.

jugements, quant aux questions de droit qu'ils décident :
« l'existence d'un droit créé par le juge (*judge made law*),
c'est-à-dire de lois ou règles créées par les Cours d'un pays
par la décision de causes particulières, provient de ce que
deux idées sont acceptées dans ce pays. L'une est que le
juge ou le tribunal, les deux termes sont ici équivalents, lorsqu'il décide une cause, doit agir non comme un arbitre (*arbi-
trator*), mais strictement comme un juge, ou que l'affaire du
juge est de déterminer, non pas ce qui dans un cas donné
peut être équitable entre A et X, mais quels sont les
droits de A et de X d'après certains principes de droit fixes.
Il en résulte que tout tribunal, en tranchant un litige, lui
applique nécessairement, tacitement ou explicitement, quelque principe de droit fixe, qui parfois est si clair et si connu
qu'il n'est pas besoin de le mentionner, mais qui peut aussi être
difficile à découvrir; et, lorsqu'il en est ainsi, la Cour doit
exposer la règle qui guide sa décision. L'autre idée est que
le tribunal ou le juge doit suivre les précédents; on entend
par là qu'un tribunal ayant décidé une affaire particulière
d'après un principe donné, doit décider d'après le même
principe toutes les affaires réellement similaires, ou, en d'autres termes, un tribunal est lié, comme on dit, par ses pro-
pres jugements » [1].

Le *judex unus* des Romains était bien tenu de suivre la loi
(même au pied de la lettre sous les *legis actiones*), mais, à un
autre point de vue, c'était un arbitre : c'était l'homme des
parties, non le représentant de l'État. Sa décision, la *res judicata*, ne put avoir d'autorité qu'entre les deux parties, qui
s'en étaient rapportées à lui; de là l'effet relatif de la chose
jugée. Peut-être même, dans une première phase de ce nouveau droit et avant l'introduction de l'*exceptio rei judicatæ*,
l'effet extinctif de la *litis contestatio* fut-il la seule garantie
donnée aux plaideurs, aux défendeurs, contre la variabilité

---

[1] A.-V. Dicey, *Lectures on the relations between law and public opinion
in England during the nineteenth century*, p. 481.

possible de la justice. Ce fut alors que la *litis contestatio* prit
une importance qu'elle n'avait point eue auparavant : dans
les procès contradictoires c'était le dernier acte qui s'accomplis-
sait devant l'autorité publique, devant le magistrat. Keller a
très clairement montré comment les effets classiques de la *litis
contestatio* se rattachent à la division du *jus* et du *judicium* (1).

La relativité du procès par rapport aux parties s'accentua
encore lorsqu'on construisit la *litiscontestatio* comme un véritable contrat entre elles : « *judiciis quasi contrahimus* ». Le
but alors visé fut sans doute d'assurer sous la procédure
formulaire et, autant que possible, par la théorie de la novation, l'extinction *ipso jure* de l'action déduite *in judicium*,
comme c'était la règle sous les actions de la loi. C'est ainsi que
s'explique à nos yeux la règle d'après laquelle il n'y a extinction *ipso jure* que pour les actions personnelles, le droit réel
ne pouvant s'éteindre par novation (2).

Mais, dans cette transformation, la *manumissio vindicta*, et
l'*in jure cessio* restèrent sous l'empire de l'ancienne règle
quant à l'autorité de la chose jugée. Cela aurait pu se justifier
par ce fait que tout là, jusqu'à l'acte final, se passait devant
le magistrat. Il est probable que la raison fut autre. L'*in jure
cessio*, bien que postérieure à la *mancipatio* appliquée aux im-
meubles, est très ancienne : à l'époque où se fit le changement
de principe sur l'autorité de la chose jugée, l'*in jure cessio* et
la *manumissio vindicta* avaient sans doute pris déjà une
valeur propre; leurs règles étaient fixées, on les conserva
telles quelles, bien que le principe générateur eût changé.
Nous avons vu d'ailleurs que l'autorité absolue de la chose

(1) Keller, *Litiskontestation und Urtheil*, § 7, p. 73-81.

(2) Huschke, *Die Multa und das Sacramentum*, p. 445-6, croit trouver
déjà tous les effets de la *litiscontestatio* sous l'empire des actions de la loi,
et les rattache aussi à une novation naissant d'un véritable contrat formel
qui aurait eu, au moins dans le *sacramentum*, le pouvoir de nover même les
droits réels. Mais ce contrat formaliste ayant disparu dans la procédure
formulaire, on se retrouva, suivant lui, devant la conception ordinaire de la
novation qui ne s'applique qu'aux créances.

jugée conserva un certain nombre d'applications, même en matière contentieuse.

La notion de l'autorité simplement relative de la *res judicata* s'étant ainsi établie, on trouva assez aisément des motifs pour la justifier en raison. Ils sont surtout dans la multiplication des procès, les ruses et les dangers de la chicane. On observa très justement qu'une même question pouvait être jugée différemment, surtout lorsque le droit devint savant, suivant qu'elle était présentée au juge sous tel aspect ou sous un jour différent. On constata que souvent un procès était perdu par la négligence ou la maladresse de l'une des parties, et qu'un plaideur plus habile ou plus vigilant aurait pu le gagner. Dès lors n'était-il pas souverainement inique d'opposer la chose jugée à ceux qui n'avaient pas figuré au procès, à moins qu'on ne pût les considérer comme y ayant été représentés? Les effets de ce jeu dangereux devaient être restreints aux joueurs eux-mêmes. L'axiôme « *res inter alios judicata aliis nec nocet nec prodest* » devint comme une règle évidente d'équité, que l'on appliqua non seulement aux questions de fait mais aussi aux questions de droit tranchées par les jugements. Il en résulta que chez les Romains on l'appliqua aussi aux jugements rendus par le magistrat dans la procédure *extra ordinem*. Là pourtant on aurait pu douter : le juge était bien différent du *judex privatus*. Mais le pli était pris ; la règle dominait toute la justice contentieuse [1]. Notons en passant qu'un phénomène semblable s'est accompli chez nous. Nous avons reçu du droit romain et nous avons gardé, comme une règle supérieure, l'effet simplement relatif de la chose jugée. Nous n'appliquons pas seulement la règle dans le droit privé, mais encore en droit administratif, dans le contentieux administratif et lorsque l'État est en cause [2]. Or cela est tout à fait contraire à la logique. Lorsque la juridiction administrative, spécialement instituée pour cela, a donné

---

(1) Cf. Pernice, *Parerga, Zeitschrift der Savigny-Stiftung*, XIX (1898), p. 147.

(2) *Répertoire général alphabétique du droit français*, cité plus haut, v° *Chose jugée*, n. 1358 sq.

au nom de l'État, dans un procès déterminé, une certaine interprétation à un acte administratif, comment admettre que cette interprétation ne vaudra pas et ne s'imposera pas à tous ceux qui ultérieurement invoqueront ce même acte ou auxquels il sera opposable? C'est pourtant ce que décide la jurisprudence du Conseil d'État [1].

Cependant à Rome la logique et le système primitifs reparurent sur un point, lorsqu'il y eut de nouveau un juge, qui, comme le roi des temps antiques, était la personnification vivante de l'État. Lorsque l'Empereur dans son *auditorium* jugeait une question de droit, quelle était l'autorité du jugement? Voici la réponse que donnait Ulpien : « Quod Principi placuit legis habet vigorem... Quodcumque igitur imperator per epistulam et suscriptionem statuit, *vel cognoscens decrevit, vel de plano interlocutus est*, vel edicto præcepit, *legem esse* constat » [2]. Nous retrouvons là le rapprochement entre la loi et le jugement, signalé plus haut : comme la loi, le jugement statue à l'égard de tous. Bien entendu l'Empereur pouvait restreindre cet effet; il pouvait, comme nos anciens parlements, statuer *sans que cela tirât à conséquence* et Ulpien nous en avertit : « Plane ex his quædam sunt personales, nec ad exemplum trahuntur; nam quæ princeps alicui ob merita indulsit, vel si quam pœnam irrogavit, vel si cui sine exemplo subvenit, *personam non egreditur* » [3].

A. ESMEIN,
*Professeur à la Faculté de droit
de Paris.*

(1) Conseil d'État, 8 mars 1851 (Lebon, p. 176) : « Considérant qu'il n'appartient pas au Conseil d'État statuant au contentieux de prononcer par disposition générale et réglementaire et de déclarer la décision par lui rendue, à l'occasion d'un litige, obligatoire pour des tiers qui y étaient étrangers ». Il y a là, croyons-nous, une confusion. Autre chose est statuer par disposition générale et réglementaire, ce que ne peuvent faire les tribunaux français, — autre chose, reconnaître qu'une décision particulière, rendue dans un litige déterminé, a l'autorité de la chose jugée à l'égard de tous.

(2) L. 1, pr. § 1, D. *de const.* I, 4.

(3) L. 1, § 2 D. *de const.* I, 4. Pour les rescrits un signe extérieur et ma-

ADDITION. — Ce travail était terminé et prêt à mettre sous presse, lorsque j'ai eu connaissance d'un savant et ingénieux article intitulé *Nachgeformte Rechtsgeschäfte,* dont M. Ernest Rabel vient de publier la première partie dans la *Zeitschrift der Savigny Stiftung* [1]. Plusieurs des points que j'ai examinés y sont également abordés. M. Rabel, qui reconnaît que l'*in jure cessio* produit un effet absolu, en cherche la cause. Il admet avec M. Wlassak que cet acte ne rentrait point dans l'ancienne procédure, qui n'aurait point compris tous les actes par lesquels on affirme un droit, mais seulement les litiges réellement contentieux. Il admet pourtant que l'aveu tacite du *cedens* est plus qu'un simple *rem non defendere.* Dans le fait de renoncer à la *contra vindicatio,* il voit un « aveu réel » par lequel le *cedens* renonce, non seulement pour le cas présent, mais aussi pour l'avenir et dans tous les cas, à la protection de son droit. Cet aveu fait *in jure,* sur la *vindicatio,* contient la volonté du *cedens* de se dépouiller de son droit même pour le cas où la revendication ne serait pas fondée, et cet acte puise « dans l'accomplissement devant le magistrat et dans la confirmation officielle de celui-ci, la solennité nécessaire pour devenir obligatoire ».

Comme nous, M. Rabel voit dans les effets anormaux de l'*in jure cessio* (p. 317-8), dans les effets qui se produisent, contre le *cedens,* lorsque l'acquisition au profit du cessionnaire est empêchée, le trait révélateur qui fait connaître la vraie nature de l'institution ; mais son explication à cet égard est toute différente de la nôtre. Il trouve la sienne dans une conception qu'il attribue à l'ancien droit romain et d'après

---

tériel, l'affichage, distinguait ceux qui avaient force de loi de ceux qui n'avaient d'autorité que dans une affaire particulière ; Girard, *Textes de droit romain,* 3ᵉ éd., p. 189, 190. Mais Constantin et ses successeurs enlèveront toute valeur aux rescrits, lorsqu'ils étaient rendus *contra jus* (L. 2, C. th., I, 2 ; L. 7, C. J. I, 19 ; L. 6, C. J. I, 22). Les sentences impériales perdirent aussi leur valeur absolue (L. 2, C. J. *deleg.* I, 14). Justinien la leur rendit en termes formels et énergiques, L. 12, C. J. *de leg.* I, 14.

[1] *Rom. Abtheilung,* 1906, p. 309-326.

laquelle, dans l'acte d'aliénation, la volonté d'aliéner se présenterait comme ayant une valeur absolue, indépendante de l'acquisition, qui en est la contre-partie, p. 320 : « La racine commune de toutes ces règles ne peut être qu'une conception tout à fait différente de la nôtre. Elle divise avant tout l'acte juridique en deux déclarations indépendantes, simplement juxtaposées, habitude de l'ancien droit qui ne se limite point au *Sachenrecht*. La conséquence très drastique, c'est que la cession doit être appréciée indépendamment au point de vue juridique. On ne peut donc exprimer la volonté des parties que comme une opération unilatérale, qui concerne simplement les rapports d'une partie avec l'objet. Dans cet état de droit, la volonté de se démettre se substitue à la volonté de transférer ». M. Rabel a cherché à retrouver dans les textes cette théorie du *cedere*. Mais, sans entrer dans la discussion, il me paraît impossible d'admettre que cette analyse, si profondément abstraite, cette abdication dans le vide, qui vaut par elle-même, soit une conception ancienne et en quelque sorte primitive. Les hommes qui sont encore à un degré peu avancé de civilisation, partent des faits concrets, des réalités usuelles. Sans doute, l'ancien droit romain connaît des actes unilatéraux, dans un autre sens, qui valent *sine causa*. Mais c'est tout autre chose : ici la *causa* devrait être cherchée en dehors de l'opération elle-même. M. Rabel a aussi utilisé, comme une trace de cette conception, les textes sur la possession cités plus haut (p. 236). Mais la théorie de la possession s'est formée à une époque relativement récente, et nous avons donné l'interprétation naturelle de ces textes.

IMPRIMERIE
CONTANT-LAGUERRE
LVX VITAM
BAR-LE-DUC

www.ingramcontent.com/pod-product-compliance
Ingram Content Group UK Ltd.
Pitfield, Milton Keynes, MK11 3LW, UK
UKHW021352100726
13657UKWH00006B/2043